中华中医昆仑

关幼波学术评传

张镜源◎主编

中国盲文出版社

图书在版编目（CIP）数据

关幼波学术评传（大字版）/ 张镜源主编. —北京：中国盲文出版社，2015.12

（中华中医昆仑）

ISBN 978-7-5002-6784-3

Ⅰ. ①关…　Ⅱ. ①张…　Ⅲ. ①关幼波（1913～2005）—评传　Ⅳ. ①K826.2

中国版本图书馆 CIP 数据核字（2015）第 316545 号

关幼波学术评传

主　　编：张镜源
责任编辑：张冬芝
出版发行：中国盲文出版社
社　　址：北京市西城区太平街甲 6 号
邮政编码：100050
印　　刷：北京华联印刷有限公司
经　　销：新华书店
开　　本：700×1000　1/16
字　　数：42 千字
印　　张：6.5
版　　次：2015 年 12 月第 1 版　2015 年 12 月第 1 次印刷
书　　号：ISBN 978-7-5002-6784-3/K·420
定　　价：12.00 元
销售服务热线：（010）83190297　83190289　83190292

丛书编委会

前　言

中医药是中华民族的伟大创造，是世界医学宝库中的夺目瑰宝，数千年来为中华民族的繁衍昌盛作出了巨大的不可磨灭的贡献，至今仍是中国医药卫生事业不可分割的重要组成部分，在维护民族体魄康健、促进经济社会发展中发挥着不可替代的作用。

中医药学，是中华传统文化和科技文明的结晶，是勤劳聪慧的中华儿女在几千年生产生活实践中，在与疾病作斗争的过程中，创造的独具特色的医学科学体系。它有着浓郁的民族特色、深厚的文化底蕴和丰富的哲学内涵。经过一代又一代中医药传人、一辈又一辈名医大家的实践探索、薪火传承、总结完善、创新发展，逐步形成了系统的理论体系、独特的诊疗方法、丰富的医学内容、实用的制药技术。具有疗效确切、用药安全、应诊灵活、普适简廉和预防保健作用显著的巨大优势，在世界医学之林独树一帜，为人类的文明进步与医疗保健事业，已经并正在作出积极的贡献。

为了弘扬中华民族传统文化，彰显中医药学家的丰功伟绩，当代中医药发展研究中心与中国文学艺术界联合会、国家中医药管理局新闻办公室、中华中医药学会、中国中医科学院、北京中医药大学、世界中医药学会联合会等精诚合作，在国家中医药管理局的支持和指导下，为中华近现代百年来贡献卓著、深受敬仰的150位中医药学家，编撰出版了这部大型传记丛书。丛书采用评传体裁，记载他们的生平事迹、医术专长、学术思想、传承教育、医风医德、养生之道和突出贡献，使这些宝贵的医学成就和精神财富发扬光大，千古流芳。

丛书取名《中华中医昆仑》。昆仑山，被尊为“万山之祖”，柱西北而瞰东南，立中国而凭世界，凌驾乾坤，巍然屹立。以其高峻豪迈、绵延起伏的磅礴气势，寓意中华中医药学历史悠久、博大精深和永不衰竭；以其挺拔雄伟、高耸入云的恢弘气魄，彪炳一代中医药学家的丰功伟绩、杰出贡献和不朽勋业。

丛书入选传主，从全国范围推荐遴选，遍及中医药界各个领域。有临床家、理论家、药学家、教育家、医史文献学家；有名师亲授、世医家教、学派传人、院校毕业和自学成才者；有师徒并驾、父子齐名和伉俪联袂者。他们学术造诣深厚、诊疗技术精湛、临床经验丰富、学科地位崇高、科研成果丰硕、医风医德高尚、国内外影响较大，从医学理论到临床实践，为中医药事业的传承和发展作出了突出贡献，是近现代百年来中华中医药界的杰出代表。

丛书的出版，对于弘扬中华文化，振兴中医药事业，造就中医药人才，普及中医药知识，具有重要的现实意义和深远的历史意义。这是一项开创性工作，填补了我国为著名中医药学家大规模撰写传记的空白；也是一项抢救性工作，因入选传主已仙逝过半，许多亲历、亲见、亲闻的史料日见散逸，将之收集整理、编撰成书，功垂后世、利国利民；更是一项承前启后的工作，总结传主经验，传承中医药伟业，继往开来，光耀世界医学之林。这部医文结合，富蕴历史性、学术性、文学性和实用性的鸿篇巨制，对医疗、卫生、科研、教育及全球关注中华中医药文化的各界人士，都有重要的参考和阅读价值。

丛书的编撰出版，是一项巨大的中医药文

化建设工程，在策划、撰写、编辑、出版过程中，自始至终得到了国家有关领导、政府部门及社会各界人士的关心和支持。国家中医药管理局高度重视，并组织专家对全书进行终审；数百名专家、学者亲临指导，参与规划；有关省、市、自治区卫生厅、局、中医局（处）给予大力帮助；传主及其亲属、弟子热情支持、密切配合；撰稿人深情满怀、辛勤笔耕；编审专家尽心竭力、精工细琢；关爱中医药事业的企业家热心公益、慷慨资助；全体工作人员不辞辛劳、无私奉献，这一切使丛书得以顺利出版。对此，我们深表谢意。

由于时间紧迫和资料搜集困难，加之水平有限，难免有疏误之处，敬请广大读者批评指正。

中华中医药学，历史悠久，源远流长，发端于远古，奔向于未来。百年对于历史，不过是短暂的瞬间；百人对于万众，不过是沧海一粟。然本丛书所记载的百年百人，则无疑是波澜壮阔的中医药发展史上辉煌的篇章和光芒闪烁的璀璨星辰。

张镜源

目录

明者通晓也，达者通达也。医不在“名”而在“明”，不做沽名钓誉之辈，要做明白医生，不仅要做通晓医理之医，更要做通晓医德之儒。

——关幼波

关幼波（1913—2005），名关霈，北京清河人。出身中医世家，著名中医药学家，擅治肝病，人称“治肝圣手”。曾任安定门联合诊所所长，北京中医医院内科主任、副院长、顾问，首都医科大学中医药学院教授，北京市中医药学会理事长，北京中医药发展基金会会长，中华医学会第十一届理事会理事，全国中医药学会副会长等职。1990年由人事部、卫生部、国家中医药管理局确定为首批全国老中医药专家学术经验继承工作指导老师。1991年由国务院授予“有突出贡献的专家”称号，享受国务院政府特殊津贴。

关幼波热爱中医药事业，医德高尚，医术精湛，在几十年的医疗生涯中，对于中医学术、气血辨证及痰瘀学说，均有独到创见。在学术上，坚持整体观念，强调“治病必求其本”。他重视人体内在因素，认为疾病的发生不外“邪”、“正”相争的过程，邪是外因，是条件；正是内因，是根本。治病贵在明辨邪正关系，调动人体正气（内因），以祛邪（外因）外出。在治疗肝炎中，急性肝炎多为正气未虚，以祛邪为主，祛邪以扶正；慢性肝炎多属正虚，以扶正为主，祛邪为辅；慢性乙型肝炎，以扶正为主，佐以解毒祛邪；肝硬化腹水，以扶正为本、为常法，以逐水为标、为权变。

关幼波主张辨证论治，重视“气血”，提倡“十纲辨证”（八纲加气血），认为气血的病理变化是疾病发生、发展与转归的基本病理机制。于是，他提出十纲辨证学说。长期以来，八纲辨证一直是作为中医总纲来一统其他各种辨证施治的。他从医疗实践中认识到，八纲辨证是对人体一系列病理变化的总概括，是个抽象的概念，而决定脏腑组织功能活动的物质基础及其功能活动的是气血；气血决定着疾病发生的根本原因、发展与转归的基本病机。阴阳为八纲之首，是辨别疾病性质的总纲领，而气血则是八纲的实质。八纲通过气血与人体的脏腑、经络、组织的具体实质性病理变化联系起来。八纲作为客观物质的外在表现，必须通过气血落实到实际的病变上。因而他明确倡导“十纲辨证”，弥补了八纲辨证之不足。

关幼波承袭并丰富和发展了痰瘀学说。他认为，痰有狭义和广义之分。狭义之痰，一般指咯吐的痰；广义之痰，即脏腑的一切废物之统称。因此，在治痰上，他提出四个法则：见痰休治痰，辨证求根源；治痰必治气，气顺则痰消；治痰要治血，血活则痰化；怪病责之痰，施治法多端。对于狭义之痰，则采用化痰、消痰、涤痰三大法则。对于治瘀，关幼波提出四项原则，即：见瘀休治瘀，辨证求根源；治瘀要治气，气畅瘀也祛；治瘀必化痰，痰化血亦治；急则治其标，固本更重要。

关幼波的学术著作主要有《关幼波临床经验选》、《关幼波肝病杂病论》、《肝病防治问答》等。他开发了中医诊疗专家系统，其与同道研制的肝炎辨证施治电子计算机程序于 1981 年荣获北京市科技成果一等奖。

承袭祖志　达儒明医

关幼波祖上第七代为清康熙廉吏施仕伦（号称施公）的贴身护卫关太，人称大刀关太。后累官至京城九门提督。康熙赏地几处，清河为其中一处。关太之后，代代习武。关幼波祖父关茂，不仅刀法精湛，熟悉各路刀棍拳脚，而且酷爱兵书，更喜爱医书。众所周知，习武者往往与中医药结下不解之缘，不仅要会治刀伤、棍伤，还要懂脏腑经络，会治内伤。由此，关茂习武之余，不时翻翻医书。关幼波之父关万恒自幼聪敏，除继承父亲刀棍拳脚功夫外，尤喜经书、医书。关茂去世后，家道中落，关万恒年近30岁时，只身流荡京城。一日，在前门一家书店喜见《本草纲目》，爱不释手，但囊空如洗，连喝豆汁的三枚铜钱都付不起，哪能有钱买书？失望而归。后结交大将军福贝子之后人卡拉瑾多罗贝勒和御医之子宇文化生，于是，关万恒进入宫内，一边教卡拉武功，一边跟宇文之父在宫内做御医。

光绪丙午年（1906 年），宇文化生之父涉嫌珍妃案，被罢黜回乡，宇文化生被通缉。关万恒也被迫出宫，落脚玄帝庙，除每日教书外，刻苦钻研中医药书籍。恰巧他的一个学生患肝腹水，关万恒为其调治，一个多月后，学生病愈，左邻右舍求医者越来越多，于是正式挂牌，并起医号“月波”。不久，关月波的名字逐渐响彻京城。关月波对肝病研究日益加深。治肝病出神入化，主要理论在于“善于明辨”。经其治愈的山东道台送匾，辞曰：“儒乃达儒，医是明医。”倒念为：“医明是医，儒达乃儒。”横念为：“儒医乃是，达明儒医。”此匾颇耐人寻味，也道出了关月波行医的最高境界——明医。明，通达晓畅之意。一个医生不光要有名声，更要有真实本领，必须真正通晓医理。

“善于明辨”在于治病求本，以扶正为主，叫做见水不治水，见血不治血，健脾益气以扶正，气旺中州运，无形胜有形，即以无形之气，胜有形之血水。这种理论由关月波首先提出，并运用在医疗实践中。治病求本，辨证与辨病相结合的思想对于后来关幼波形成自己独特治肝的气血学说产生了重要影响。他的治肝治瘀的十纲辨证说即是秉承其父的医学理论而不断完善、逐渐形成的。

1912 年清宣统皇帝退位，民国成立，关月波的医馆仍诊务繁忙。第二年，1913 年 4 月初，清明节前两天，关月波夫人临产，一个婴儿伴着润泽万物的细雨降生，他就是当代“治肝圣手”关幼波。关月波给孩子起名为“霦”。霦者，玉光色也。他希望这个孩子能够为社会书写出灿烂的中医华章。这里有一段有趣的故事，看出关家望子成龙的心情：在关霈周岁时，御医之后宇文化生前来祝贺，试探关霈的将来去向，命人拿来书本、钱币、毛笔、脂粉，任其抓取。不料小关霈一把抓住一支毛笔，看见父亲关月波手中的药方，又一手径直抓过来，拿着笔在上面画来画去。宇文化生惊异地点点头："此子将来定是杏林名医啊！"关幼波后来果然继承父业，一生杏林耕耘，为我国中医药发展，尤其是肝病防治积累了丰富的临床经验，在继承的基础上创建了新的医学理论。

1919年，关月波迁到距玄帝庙不远的芦草园胡同。生活安定以后，关月波立即安排几个孩子读书。小儿子关霈伶俐可爱，性情温和，很有些才气。关月波自感今后自己的中医事业后继有人了，不由踌躇满志，展纸提笔，大书三个字：乐道堂。意谓乐于医道也。后又请人镌刻成匾，挂在堂屋，自励自乐。这道匾就成为后来关幼波继承父志的座右铭。

关霈所习课业以启蒙《三字经》为主，继之以“四书五经”、儒家的仁义礼智信等，这为他一生行医、治病救人奠定了坚实的基础。

有一次，父亲让关霈二哥抄方。二哥漫不经心，把“橘红”抄成了“菊红”。父亲勃然大怒，把方子往桌子上一拍，给了他一巴掌。这一巴掌把二哥打到了张北，从此不敢回家。站在旁边的关幼波吓得毕恭毕敬地听父亲教诲：“我们行医的，最忌的就是马马虎虎，一味药开不对，就会给病人添病，甚至丧命。记住，病人的命运就掌握在大夫手里，失职就等于害人。今后你替你哥抄方，不能有半点差错！”这一幕，关幼波时时牢记，经常反省。他一生严肃、严谨的行医之风范，就是从父亲那里直接继承并发扬的。

1940年，父亲关月波病危，临终之前，抱病抽查了关幼波的三个脉案，见儿子为病人所开药方，甚合己意，便用微弱的声音说：“你饿不死了!”父亲病故后，关幼波获得中医师合格证书，又在以汪逢春会长为首举办的中医师学会讲习所学习一年，考试合格。而立之年的关霦正式挂牌行医，改医号关幼波。

智胆折肱　扶危救厄

父亲去世后，关幼波从芦草园搬到前门外大席胡同“广福客店”。这家客店 40 多间房，几十家挤在一起，什么人都有。关幼波和老母亲、妻子王淑贞及孩子一家人住在大门口的一间小房子里。

那时的北平，每日物价飞涨。关幼波的挂号费 5 角钱，头天能买 3 斤玉米面，第二天只能买 1 斤，第三天就只能买半斤了。

面对国破家亡、同胞身处水深火热之中，关幼波看病经常不收出诊费。“治病、救人”，他脑子里想的是如何把病人治好，把同胞从痛苦中解救出来。

1943 年 8 月，北平流行霍乱。霍乱又称

“霍列拉”。瘟疫肆虐，迅速蔓延。据当时的北平《新民报》报道，因霍乱而死的人数已近2000人。有的霍乱患者走在路上就突然倒地而死。当时，疫防队只要发现一个霍乱病人，就将其全家烧死，整条街道也被封闭，甚至有的人还活着就被埋了。就在这时，前门外与大席胡同相距不远的小席胡同有一个人得了霍乱，胡同里的甲长立即找到关幼波，说：“小席胡同的那个病人您得赶快报上去，要不然您可就……”关幼波知道他的话是什么意思。根据当时日本人的规定，凡是医生发现霍乱病人而不报，诊所停业，本人还得被判3年徒刑。但一个中国人的良心使关幼波冷静下来，决定冒着风险保下这一家人。他说：“让我看看，万一不是霍乱，不是坑害了人家一家人吗?”妻子和母亲都害怕他受到牵连，劝他：“让你报，你就报吧，要是日本人知道了，咱们全家可就都完了。再说，这胡同里什么人都有，你爱国，他就兴许是汉奸……”“别说了，这事儿我自有办法，我不能昧着良心办事。就是得了霍乱，也不是不能治。”他匆匆来到那一家门口，里面已聚了几个人，有管事儿的，还有管段的巡警，正准备拉病人出去烧。关幼波忙拨开众人，走进屋内。只见病人30多岁，身高马大，却佝偻着身子，已被人从床上抬到门板上。病人面如土色，两眼深陷，四肢痉挛，手指干瘪，紧抠住门环。关幼波心里明白，这就是瘪螺病，也就是日本人说的“霍列拉”。甲长赶过来问：“怎么样，关大夫，拉出去吧。”“这哪是霍乱哪，是普通的肠炎，几剂药就好。你们甭管了，我跟日本人说。”关幼波这么一说，众人也都信以为真，自行散去。关幼波早已准备好了一张方子，交给病人的妻子：“快，快去抓药，不好，再找我。”病人妻子、父母闻声已泪如雨下，立即跪倒在地，连连磕头道：“关大夫，您救了我们全家人！您要再晚来一会儿，我们全都得被活活烧死！”关幼波一一扶起道：“快请起，照顾病人要紧，他的衣物一律烧掉，你们要与他隔离，所使用的碗筷要用开水消毒。我再给你们开个方子，都吃，预防一下。”一个月以后，这个曾要被烧死的病人带领全家登门拜谢。关幼波笑着答道：“这有什么可谢的。治病救人是医生的本分，我们都是中国人，见死不救，枉为人哪！”关幼波的民族自尊、爱国爱民之心，于此可见一斑。

那件事过去不久，一天，日本兵巡逻队的马蹄声刚过，一阵急促的敲门声。关幼波紧张而小声地问：“谁？”门外一个陌生的声音：“我，关大夫快开门！”

关幼波犹豫了一下，妻子王淑贞赶过来要保护他，被他轻轻拉开，悄悄走到门口，又低声问了一句：“你到底是谁？”门外的人趴在门缝说：“关大夫，您别怕，我是请您看病的。”

关幼波慢慢打开一点门缝，一看，门外一

辆洋车，来人是位拉洋车的车夫，便问道："看什么病?"

车夫焦急地说："关大夫，快，您救救我老婆吧。产后还没出满月，就病得动不了了。"

关幼波立即问："您住哪儿?""大蒋家胡同。"

关幼波二话没说，抓起诊包就跟着车夫出了院儿。妻子淑贞在身后连连嘱咐要小心呀!

到了车夫家，关幼波一进门，见一位年轻妇女，脸色通红，气短乏力地躺在床上，时出虚汗，那床上除了一床棉被和枕头什么也没有。他又扫视了一下屋子：一口水缸，一张快散架的桌子。桌子上方的墙上贴了一幅年画，旁边又挂了张月份牌，在 3 月 5 日这一页的上边插了一张纸，一眼看出是张当票。桌子下边，有一把用铁丝绑着的椅子。回头一看，一只缺了角的炉子立在门口，屋里充满了煤烟气。

关幼波侧坐床边，为妇女把脉，脉虚数；

又看舌苔，定为产后热，立开佩兰、藿香等11味药，芳香化浊。方子开毕，交给车夫，嘱咐马上去抓药。车夫接过方子，急忙从方桌的抽屉里翻出一块银元递给关幼波，说是出诊费。不等车夫说完，关幼波轻轻推开："快拿去抓药，这一块钱是您刚刚当来的，我怎么能要？"

车夫惊愕地看着关幼波半天才出口："您，您是怎么知道的？"

关幼波一笑："您那月份牌上插的当票，不就是这个吗？快去买药吧。"说完，站起身，手拿诊包迈步出门。

车夫的妻子在床上直作揖，连声说："好大夫，好大夫！"

车夫快步追出来，拉住关幼波说："关大夫，您的脚不好，请上车，我送您回去。"

关幼波拍了拍车夫的肩膀："快去抓药，救人要紧，我走着回去就行了。"说完，头也不回地走了。

车夫愣愣地看着左脚走路不平的关大夫远去的背影，手里捏着药方和那块银元，不知不觉脸上已挂上了两行泪水。

关幼波走路不平，是因为他左脚有残疾。那是他在十几岁时和张君秋一块儿踢球，一个法国兵执意要参加，在关幼波带球的过程中，被那法国兵扬起一脚，跺在他的脚腕子上。关幼波一阵剧痛，站不起来，骨折了，但当时找不到骨科医生，又不敢跟父亲说，耽误了医治时机，从此，左脚落下终生残疾。虽然脚有残疾，但他后来行医中从未把自己看成是残疾人，依然虎虎如风地工作、生活。

日本投降的第二年，大席胡同冷落得只剩下几户人家。有钱人都南逃了，广福客店却依然如故，这里的住户都是穷人，无处可去。

胡同口的小杂货铺也关张了。店主斑白的头发上又添了一层霜。他的病女儿如今已发烧好几个月了。原来水葱般的漂亮姑娘，现在变得人不人，鬼不鬼。粉白的圆脸盘瘦成了嘬腮；一双水灵灵的大眼睛如今呆滞无神，像深陷下去的两个黑窟窿；浑身皮包骨，十七八岁的高挑身材，麻秆一般，一走三晃，称一称不过七八十斤。

她爹带她跑了几个大医院，都诊断说是中毒性痢疾，但都给她退不了烧。有人说是日本人留下的霍列拉病菌传染的，只有等死。

姑娘的妈妈一着急命归西天，40多岁的爸爸看上去像60多岁，典卖完了小杂货铺，一心想把这唯一的闺女治活。

有人说："老倔头，你为何不找关大夫？"

老倔头一拍脑门："唉呀！我都急糊涂了，怎么把关大夫忘了！那年就是关大夫把小席胡同那个霍列拉救活了的。"

关幼波在广福客店换了房子。从那间小屋搬到靠街门的两间南屋。里屋住人，外屋看病，比以前宽敞多了。

关幼波刚送走一位病人，老倔头就带着闺女来了。一进门，关幼波一看，早已断出七八成，多半是霍乱一类的病。

听老倔头说女儿的病情，关幼波给姑娘把脉。脉沉弦滑，舌苔黄白，又根据病人口述便血黏液、腹胀、恶心、饮食欠佳、月经量少，辨证为脾胃虚弱，湿热结滞。治以清热利湿、导滞和中为主。遂提笔开了一剂药：白头翁、酒军、川连、白芍、当归、牡丹皮、秦皮、青陈皮、生甘草、厚朴、藿香、薏苡仁等。因高烧未退，外加羚羊角等。

当天抓药，一剂药服下，高烧速退。姑娘精神已感充沛。第二剂药服下，便血渐止，基本成形。饮食增加，不再恶心。几天后，面染红色，走路不再摇晃。

老倔头忙向玄帝庙进香，祷告神灵，让活菩萨关大夫长寿。

一周以后，他带了些礼品，带着闺女登门

道谢。进屋一看，病人很多，而且关幼波面朝病人背朝门，老倔头一句话没说，把礼品放在门桌上，冲关幼波的后背鞠了个躬，又让闺女鞠了个躬，转身出来了。

关幼波给几位病人看完病，见门桌上放了份礼品，却不知何人所送。

一晃50年过去了，关幼波治过千千万万病人，可这份礼品的事却一直记在心上。

有一次，关幼波外出义诊，报纸宣传了一番。第二天，一对老年夫妇开着自己的车来了。一进门，那妇女先给关幼波磕了个头，关幼波不知何故，正待张口，那妇女道："关老，您不会记得我，但我却终生记住您的恩德。50多年前，您在大席胡同看病，我是您的街坊，得了中毒性痢疾，是您把我救活了。昨儿个，我从报上看到您在义诊，专程和我爱人开车来看您。我爸爸临终前一再嘱咐我，只要富裕了，一定重重报答您。那时只给您送了点小礼品。唉，穷啊！现在，我应当……”说到这儿，关幼波突然想起那份放在门桌上的礼品，点点头，微微一笑道：“好了就好，好了就好！”

随着关幼波治愈的病人增加，来访的病人越来越多。每天下班后，回到家，常常是接待病人的时间。

这天也不例外，来了一男一女，30多岁，看样子是农民。他们一进门，看见关幼波，就跪下了。

关幼波慌忙站起身说：“快起来，快起来，怎么回事呀？”

男的说：“关老，我谢谢您了，要不是您，我活不到今天。”

女的抢过来说：“您救活了我丈夫，就是救了俺们一家人哪！”

关幼波治过的病人太多，根本记不起这个病人的情况了，忙问什么时候来看病的。

男的控制不住自己的眼泪，讲了事情的

经过。

原来他们是张家口的农民。一年前，男的得了肝硬化腹水，肚子胀得鼓鼓的，去医院看，大夫都摇头，让他家里人准备后事。他是全家仅有的劳动力，几亩薄田没人种，怎么活下去。妻子守在奄奄一息的丈夫身旁，哭得死去活来。邻居都来看，劝也无济于事，就陪着抹眼泪。可巧，一个刚从北京看病回去的邻居知道了，跑来说，哭有什么用，赶快到北京，找北京中医医院的关幼波大夫，那可是个神医，治肝病最拿手。乡亲们又帮忙给他七凑八凑，凑足了路费。几个人自告奋勇就用门板抬着他上了路。到了北京中医医院，可巧关幼波已下班，打听清了住址后，他们来到了关幼波的家。一见关幼波，妇女先磕头说："我男人活不了了，您救救他吧。"关幼波扶起妇女，给病人诊脉、开方，那妇女掏出了仅有的钱。关幼波轻轻推回道："你们太困难了，我不收你们的诊费，快去抓药，救人要紧!”

一年以后，病人腹水全消，肝硬化痊愈，而且能下地干活了。这年，他们收了不少土豆，此次来就是带了土豆感谢关幼波的。妇女说：“关大夫您是俺们的救命恩人，俺们没有钱，今年地里收了土豆，给您带来两袋，表表我们的心意吧。”

关幼波走出门，看见院子里果然放着两袋土豆，奔波几百里，送来鲜土豆，不收就不近情理了。他欣然接受，一再感谢。

博采众长　因明而名

关幼波认为：行医不仅要明医理，更要明人心，明人情。他常说，医乃明医，儒乃达儒。“明医”非“名医”。他教导学生要淡泊名利，做一个明白事理、掌握心理、精通医理的医生。

1951年，关幼波联合了一些有名望的中医，成立了科室齐全的“安定门联合诊所”。第二年，他推举的所长病故，大家又推举他当了所长。

关幼波之所以被称为“明医”，在于他的深究医理。他不在乎那个“名”字，而在乎这个“明”字。博采众长，是他医道医术不断提高的关键。因此，他没有门户之见。尽管他父亲关月波倾向经方，他却综合了经方与时方，针对病人的病情，提出自己新的观点，为了治病，不断革新自己。

当时，北京有“四大名医”：萧龙友、孔伯华、施今墨、汪逢春。施今墨在东珠市口的同和堂，每天下午四点到六点挂号，晚上六点到八点空缺，但没人敢出诊。关幼波知道了，毫不犹豫地说：“没人出诊，我出诊！”其实，他并非为了看多少病人，主要是想借此机会多向前辈学点儿本事。于是，每天不到六点他就去了，为的是看病人抓药的方子。一天，一位中年妇女刚从施今墨那儿开了方，准备抓药。关幼波过去问她：“您吃这药感觉如何？”那妇女连连点头：“好，好多了。原来偏头疼几个月了，去过很多医院，吃了不少药，都不管事，人家施大夫的药真灵。”关幼波要过方子，看了看，上面开了旋覆花、生赭石等15味药。他暗暗记住，知道此病人久病脾虚湿蕴，痰热上扰。因此，治疗以养血平肝、散风化痰为主。而其中既用旋覆花，又用生赭石，这是父亲开药时不曾用过的。他暗自思忖：父亲用药非常讲究，君臣佐使，各司其职。而施今墨方中连用旋覆花、生赭石，以增强平肝行气化痰之效力，合用起来更好。自此，他在处方时就采用了施今墨大夫的这种用药法。

中华人民共和国成立后，国家建立的北京中医医院汇集了一大批中医专家，如：皮外科专家赵炳南、房之萱；内科专家郗霈龄、秦厚生、许公岩；血液病专家宗维新；肾病专家姚正平；风湿病专家王为兰、王大经；妇科专家刘奉五、李鼎铭；儿科专家祁振华、冯泉福；等等。关幼波与这批专家是亲密合作的同事，又都是无话不说的好朋友。在与他们交往当中，关幼波向他们学习了大量的临床经验。用关幼波的话说："我一眼就能看出他们辨证和用药妙在什么地方。"这一点为关幼波以后成为肝病专家和治疗各种内、外、妇、儿科疑难杂症专家，奠定了坚实的基础。

张仲景在《伤寒论》序言里说："感往昔之沦丧，伤横夭之莫救，乃勤求古训，博采众方。"这对医生来说，的确是求"明"之根本。张仲景总结了历代病患的渊源，提出"进不能爱人知人，退不能爱身知己……蒙蒙昧昧，蠢若游魂"的混沌状态必须改变。只有懂得了病源才能知其病理，一个医生懂了病理才会对症下药，使病人"以保身长全，以养其生"。这是张仲景从"沦丧"与"横夭"的感伤中得出的教训。关幼波深知其理，对张仲景的感慨很有体会，故能"勤求古训，博采众方"，求的是个"明"字。孔伯华别号"石膏孔"，因他擅用石膏。在《本草纲目》生石膏条载："辛，微寒，无毒……可除时气头痛身热，三焦大热，皮肤热，肠胃中结气，解肌发汗等。治伤寒头痛如裂，壮热皮如火燥等。"关幼波想，为什么孔伯华敢用石膏，因他深知石膏这味药的属性，在这一点上，他是明医。为什么别的大夫不敢用，就是他们还不能深明其理，被它的“白虎”威力吓住了。一位60余岁的老年妇女求医到关幼波处，自述全头痛，每天持续8～9个小时，心中烦乱，痛苦难忍，睡眠不实，纳食不香。关幼波首开生石膏30g，这就是向孔伯华学习的结果，敢用“白虎”，“制火邪清肺气”，疗效甚佳。关幼波打破“文人相轻”、“同行是冤家”的旧习，主动向当时所能接触到的前辈和同行学习、探讨医术。后来，他年近90岁高龄时，对此还一再表示：“我把这些老大夫的经验归纳起来，再结合我本身的经验，才会不断提高我的医术水平。”

1956年，北京中医医院成立。关幼波是首批调入的中年大夫，擅治肝病。第二年，担任内科主任。关幼波除看病外，在改善医生的服务态度上还花了不少心思。医德医风不仅直接关系到大夫和医院的形象，更重要的是影响医治的疗效。所以，他非常重视医护人员工作作风的改进。他常教导弟子们的一句话是："即使你给病人治不好病，也不能添病。"为此，他还编了顺口溜，如："听见楼梯脚步声，缓慢轻重不平衡；急忙上前来搀扶，定是病人难行动。"他说：当大夫的要随时随地运用四诊，做到眼观六路，耳听八方，以便诊断。又如"年迈体胖手扶杖，走起路来来回晃；急忙上前量血压，也许有病在心脏。"这是四诊中的望诊，对于诊病有先入为主之用。同时，他还要求医护人员要主动一些，配合好挂号、检查、抓药等各项工作，遇到紧急情况就不会误事儿。要特别注意危急病人。他说："面色苍白嘴唇干，胡须哆嗦两肩扇。通知大夫快快看，急救设备要齐全。"当护士的就必须走在前面。他说："要成个明医，不仅要懂病理，更要了解病人。"在他的精心管理下，内科门诊有条不紊，医生看病热情认真，广得患者好评，多次获得院里的表彰和奖励。

关幼波治肝最好，被美誉为“治肝圣手”。他辨证施治的理论精深，能从整体出发，用辨证施治的方法，很快找到病之本，因而，下药如神。他不仅治肝病疗效好，还治好了许多难治之症。关幼波认为，辨证施治的要点在于“善乎明辨”，并提出了辨证施治的三结合：一是辨证与辨病相结合；二是辨证与辨症相结合；三是微观辨证与宏观辨证相结合。

所谓辨证与辨病相结合，是关幼波在博采中医各家之长，同时又吸取西医之长，致力于发展中西医结合事业的结果。例如，脂肪肝，中医没有这个病名。关幼波针对本病的特征，根据中医的病因病机，辨证与辨病相结合，明确提出以“痰湿证”进行治疗，取得显著效果。淋巴肉芽肿一病，既不同于中医的“瘰病”，又不同于“瘿瘤”，根据中医的病因病机，不外气、痰与瘀血相互凝聚而致，在治疗中以理气活血、化瘀软坚为主，结合病情进行治疗，收效显著。又如对肝吸虫病，采用辨证与辨病相结合，整体治疗，同时配伍以明矾、鸦胆子粉的治疗方法，疗效显著。

所谓辨证与辨症相结合，是关幼波辨证的经验总结。从中医的现状来看，一病多名、一名多病的现象普遍存在。如黄疸病，又名黄瘅。《金匮要略》有谷疸、酒疸、女劳疸、黑疸之分；宋《圣济总录》有九疸三十六黄之分。鼓胀一病，有水蛊、蛊胀、蜘蛛蛊、单腹胀等，又可分为气臌、血臌、水臌、虫臌等。由于一病多名，一名多病，造成了病、证、症的混乱，难于适应现代临床的需要。辨证的目的在于论治，关幼波赞同清代徐大椿“症者，病之所见也”的观点，重视患者的症状与体征，采用辨证与辨症（客观指征）相结合进行施治。如对慢性肝炎的治疗，肝功能反复波动，临床表现多种多样，有的以实证为主，有的表现为虚证，有的虚中夹实，湿热未清，正虚邪实，病情复杂。加上个体差异性，病情轻重及阶段性的不同，如果简单固定几个证型，就不能充分发挥中医辨证施治的特点。他根据中医的基本理论，抓住疾病各个阶段的主要矛盾来确定治疗方案，拟定了10种证型。而这10种证型，又非固定不变。10种证型的症状，既可单独存在，也可兼夹而至、前后交错或相互转化。他重视患者症状体征的变化，根据症状的表现进行辨证施治，因而，掌握了原则性，也有了灵活性。

所谓的微观辨证与宏观辨证相结合，是说在肝病治疗中，除了宏观辨证施治外，还应针对生化检测指标，与微观辨证相结合。关幼波针对黄疸指数增高多属于湿热毒邪蕴于血分、谷丙转氨酶增高多为湿热毒邪较重、麝香草酚浊度增高在急性期多为热盛于湿且入于血分、慢性期多为肝肾阴血虚损、澳抗阳性多为正虚余毒未清等病因，分别辅以相应治疗。又如重症肝炎合并肝昏迷，病情凶险，死亡率高，除了应密切观察黄疸、体温、神志的变化外，还应密切注意生化指标的微观检测。如胆酶分离，血氨、凝血酶原等的变化，以尽早明确诊断，并结合宏观辨证，属于热盛者重用清热解毒之品。一旦出现早期肝昏迷，则应用中西医结合救治。对于已现脱证者，当慎用或禁用开窍药，以扶正固脱为要。

根据辨证施治三结合的方法，关幼波在临床治疗中，判断准确，大胆施治，挽救了许许多多危重病人的生命。1976 年潭柘寺曾设有一所肝病疗养院。每个月关幼波去一次，专门解决一些疑难病。有一天，他从潭柘寺回来，路过首钢，在首钢医院病房，看见躺着一位中年妇女，头发蓬乱，面如敷纸。这位妇女是个农民，丈夫是首钢工人。她刚生完小孩儿不到三个月，就忽然间病危了。医院的诊断是肝坏死、肾功能衰竭，已无药可施。病人眼看就要断气了。关幼波听后，要给这位妇女诊脉。站在他身后的两个徒弟，一个是西学中的，一个是学中医的。这两人同时拽他的白大褂，意思是这个人已经没治了，您再给看，如果死在您手上会说不清。关幼波心里明白徒弟们的意思。但一个大夫的责任感驱使他要把这个妇女救活。可有把握吗？他借着昏暗的灯光，又仔细看了看这个妇女，她的眼角和嘴角都在往外流血，而且高烧不退，阴道也流血不止。她爱人怀里抱着那三个月的孩子，手里还领着一个小姑娘，五尺高的汉子站在那儿哭，孩子也哭，好不凄惨！关幼波站在病人面前，展开了激烈的思想斗争。这种病危的人，多么需要医生挽救她呀！只要一甩手说句“我治不了”，就可以不负一点儿责任，别人也说不出什么，因为医院已经判了死刑。如果一开药，吃了，人死在这儿，那可就是自己的责任了。再加上后面两个徒弟不停地拽他的白大褂。治还是不治，关幼波左右为难。然而，从父亲身上继承下来的治病救人的医德医风还是促使他下了最后的决心：我不能对一个病人放弃治疗，哪怕还有一线生机，都要尽最大努力，把病人从病魔的手中夺回来！于是，他决定马上施诊，向死神宣战！

关幼波给这位妇女诊脉，其脉微弱。按照中医理论，祛邪必先扶正。他马上给她开了一剂独参汤。病到要死的时候，人参是起作用的。而正气已绝之时，必须用人参维持正气。于是，他让人熬了几钱人参水，又开了个方子。果然，病人吃了两剂药后，奇迹出现了：久已昏迷的病人完全清醒过来！眼角和嘴角不再出血，阴道出血也被止住，烧退了。关幼波乘胜追击，又开了几剂药，病人逐渐康复了。在这些药中，关幼波根据父亲的经验，处方时用了羚羊角。病人和家属感激得热泪纵横，那妇女几次看望关幼波，称关幼波是再生父母。关幼波每次回忆起这件事，都非常有感触。他总是以此为诫，对弟子们说："这个病例，对我们是个教育。一个大夫，对任何一个患者，都要认真负责到底，绝不能随便放弃治疗。我们这是和死神夺命啊，要不然，要我们这些医生干什么呢！"

某次，北京护国寺中医医院里来了一位女病人，挂了副院长王慧英的号。王慧英接待了这位40多岁的妇女。患者是从香港来的，得的是梗阻性黄疸病。来北京之前，她跑遍了香港，中西医全看了，都没效果。因她母亲住在北京，就带女儿先去了某大医院，经过各种检查和治疗，仍无效果。此时病人全身黄疸，瘦得皮包骨头，已失去了活下去的信心。她想自杀，但看到老母，还有丈夫和两个孩子，又欲死不能。王慧英副院长正是关幼波的弟子，便把病人介绍给了老师关幼波。看了她的病后，关幼波先开了7剂药。病人比较了以前服用的药方，觉得大不相同。吃下去以后，情况很快好转，黄疸明显减退，进食增加了，心里的压抑也减轻了许多。仅一个多月黄疸就全部退尽，身体也比原来胖了、壮了。三个月后，肝功能恢复正常，她决定回香港。可巧这天，电视台的记者来采访。这位香港女士，出乎意料地向记者提出了一个特别的要求：能否请关老站在诊室门口，送她一下。关幼波正在看病，不假思索地回答："可以呀！"突然，女士无比兴奋地跑过来，在关幼波的脸上吻了一下，而电视镜头把这精彩的一幕及时记录了下来。女士拉着关幼波的手不肯松开，眼泪汪汪地说："关老，要是没了我，我们一家人就全完了。您不只是救了我的命，也救了我们一家子呀！我代表我们全家感谢您！"说着，又向关幼波连连鞠躬。

在八宝山殡仪馆的一间告别室里，鲜花如簇，人们庄严肃穆地排着整齐的队伍向一位卒于 84 岁老人的遗体告别。老人退休前是局长。他的生命经关幼波之手延长了 10 年之久。所以，开过追悼会后，他的家人都来看望关幼波，感谢关幼波给他们的父亲增寿10年。10年前，北京中医医院高干门诊来了位70多岁的病人。关幼波的弟子接过家属送来的检验报告，各种指数都表明老人所患的是肝癌且已是晚期。关幼波看了一眼那一堆吓人的数字，平静地为老人号脉，看舌苔，然后用温和而鼓励的语气问他："你有什么不好？"老人喘着气嗫嚅道："肚子胀，吃不下，不行了……"关幼波微微一笑："你的病没什么，能治好。"老人颤抖了一下，眼里闪出一线希望的光，嘴唇哆嗦了几下，似乎在说："能活吗？"关幼波当时也已是古稀之年，他洪亮的声音令这位已被死神召唤的病人震撼。他的安详和自信，使这位已被多少大医院宣判了死刑的老人，重新唤起了生的希望。老人回家后，严格遵照关幼波的嘱咐按时吃药。而在他的药中，引人注目的却是最平常的生甘草。

这里要插叙的是另一个生甘草的小故事。

一个外地肝病患者，药接不上了，到同仁堂抓药。药剂师接过方子一看，闹不懂，为什么开了炙甘草还要开生甘草。药剂师问患者："这是哪位大夫开的方子?"那患者莫名其妙地回答："关幼波呀!"药剂师"噢"了一声，点点头说了句没头没脑的话："不一般哪……"

怎么不一般呢?药剂师没说。还是关幼波向患者解释了：生甘草是解百毒的，炙甘草是温中的。疼得比较厉害，加点生甘草。根据病痛的不同部位点，可选用甘草的不同部位。如甘草节治关节痛；甘草梢儿，而且是细的地方利小便。甘草解百毒嘛！在那位年逾古稀的肝癌病人的药方中，关幼波就使用了这味药。几个月后，那位老人出现了奇迹，转氨酶指数降低了。又过了一段时间，"大三阳"转为"小三阳"。一年以后，到医院做 B 超检查，肝像有一层鸡蛋皮裹住一样。他没什么痛苦的感觉了，又快乐地生活了 10 年。后来老人由于脑溢血去世后，其儿子、女儿、儿媳妇，还经常去看望关幼波，称其为神医，有了病都找关幼波看。

有位患者陈某，那年55岁，在中国人民大学经济系搞教学工作。从1984年2月开始，经常发低烧，一般在37.5℃～38℃，没有规律。每隔半个月到两个月左右出现一次高烧，一般在39℃左右。在学校的门诊部多次治疗没效果。1984年12月6日，按照发烧待查住进某大医院，医院对他进行了全面检查。除了心脏有二级以上的收缩期杂音及肝大一指的症状外，其他各脏器没有发现异常。经多方检查始终没有一个明确的诊断。后找关幼波看病。关幼波认为，病人反复高烧、低烧两年多，首先应排除表证。中医讲表里、阴阳、寒热、虚实，他实际上是一个里证。里证的病在哪儿呢？若是在气分，不可能发烧两年多；应在血分。阴虚血热，影响他发烧，越发烧越伤血阴，造成血分蕴热。所以，只有清血热养阴并兼顾血分的湿热，才能解决问题。关幼波用秦艽鳖甲散合茵陈蒿汤合方加减，略加清热凉血之品，如生地、丹皮；并加用僵蚕、常山。常山只用了3g。病人吃了第一剂以后，烧就退了。又在原方中增用黄芪，以益气生血，果然取得了疗效。病人反映说夜间盗汗，枕头都湿了。关幼波又增用地骨皮、煅龙牡，清血热以敛汗。因为夜间盗汗属阴虚，其已经病了两年多，伤了元气，所以加上黄芪。而黄芪这味药必须用得恰当，若病没到这个程度，即使用这味药吃了也不管用。所以在临床方面，辨证论治才是中医的特色，中医才有生命力。急性病毒性肝炎，其势汹汹，突发而来，对此关幼波冷静分析病情，抓住湿热的根本，确定祛邪抑或扶正的治疗方针，巧妙用药，简洁明快，干脆利落。其中他始终注意牡丹皮这味药的佐使之功。牡丹皮是牡丹的根皮，其药性在于和血、生血、凉血。

关幼波一生与牡丹结下了不解之缘，不仅

善用牡丹皮，还擅长画牡丹。

关幼波学画牡丹，缘于一次偶然的相遇。著名画家王雪涛是画牡丹的行家里手，因重病找到关幼波。在关幼波的精心诊治下，很快痊愈，从此他们成了好朋友。王雪涛为感谢关幼波的救命之恩，挥毫画了一幅牡丹，一幅梅花。那艳而不妖、丽而不冶、水灵灵、活生生的牡丹打动了这位老医生，于是，他拜王雪涛为师，习画牡丹。后来，关幼波的牡丹还真有王雪涛的精气神。再配上那几个“牡丹国色富贵花”苍劲潇洒的字，更显关幼波的为人风骨。

关幼波博采众长，用他总结的辨证施治三结合的方法治疗肝病，治的是恶病，画的是善花，真乃“乐道堂”主之风雅也。

气血辨证　病机之本

关幼波讲气血，提倡十纲辨证，突破了八纲辨证的老规律。血是生命之精华，气是生命之灵魂。一个人没有血，也没有气，岂不是生命终止了。病由血而生，血由气而行，用气血辨证作实体，更有利于八纲辨证。关幼波认为，疾病发生的根本在于机体的内在因素——正气。气血是人体的基本物质，维持着生命机体的脏腑、经络、四肢百骸的基本功能。气血代表人体的正气，是决定机体内部平衡的基本因素。气血正常，正气强盛，“病安从来”。反之，气血异常，正气虚衰，为疾病的发生提供了内在根据。外邪、七情内伤、饮食劳逸等，为疾病的发生创造了条件，这些外在条件因素，只有通过气血异常的内在病理变化，才能发生疾病。因此，他提出了“审证必求因，当在气血寻”的观点。比如在治疗外感病时，他根据人们所处的现代社会特点：过度温饱、过食肥甘、激烈竞争所造成的学习、工作、生活上的过度烦劳、精神上的过度紧张、情志上的不畅等，易导致食滞脾虚，湿困化热，心火易亢，肝气郁滞化热的气分热；另一方面，气分热入里，灼伤阴血，烦劳消耗阴精，致使阴血津液亏虚，从而导致阴虚血热。他结合临床常见发热、咽痛、尿赤、舌红、苔厚等症状，提出“无内热不外感”的外感病发病的基本病因。内热是指在气分或血分的伏热。在治疗中，他一方面根据外感邪气的属性、入侵部位的不同辨证施治，同时还注重采用气血两清，表里同治。常用黄芩、炒知柏、连翘、生石膏、双花、花粉等清气分热；用生地、赤芍、丹皮清血分热。如此，不仅不会引邪入里，反而可以起到治病求本、澄本清源、阻断病邪的进一步发展，增强解表祛邪药物的作用。

关幼波认为，八纲辨证是对人体一系列病理变化总的概括，建立在具体脏腑经络组织基础上，是以脏腑经络组织的病理变化为物质基础的，并结合临床出现的脉证加以高度概括的结论。而决定脏腑组织功能活动的物质基础是气血。也就是说，气血从病理上决定着疾病发生的根本原因、发展与转归的基本病机。气血同样具备八纲的属性。阴阳为八纲之首，是辨别疾病性质的总纲领，而气血既是水火，可以阴阳来划分，气为阳，血为阴；表里是辨别病变部位和病势趋向，气之于血，气为表，血为里；寒热是辨别疾病的性质，气与血均可兼寒热，阳气虚则寒，气郁化火则热，血可见血寒、血热；虚实是辨别邪正盛衰的病势，气虚、血虚是虚证，为正衰，气郁、气逆、血瘀是实证，为邪盛。因此，气血赋予八纲以实质。八纲通过气血与人体的脏腑、经络、组织的具体实质性病理变化联系起来，八纲作为客观物质的外在表现，必须结合气血才能全面概括分析病位、病情、病势的表里、寒热、虚实。如果脱离了气血而单谈八纲，八纲就成了无实际内容的抽象的空架子。故单以八纲作为辨证的总纲是不足的，必须通过气血而把八纲的内容落实到具体的实际病变之上，使八纲辨证与脏腑、经络、组织具体病变有机地结合起来，这样才能深刻地阐明各种复杂的病理变化，以指导临床，从而弥补八纲辨证之不足。因此，关幼波将气血辨证提到与八纲辨证同等重要的地位，八纲辨证之后必辨气血。他明确提出：治病必治本，气血要遵循，从而倡导“十纲辨证”。“十纲辨证”并不摒弃八纲而片面地强调气血辨证，而是使辨证论治落到实处，从而更加具体明确，这样才能真正达到辨证具体指导论治的目的。其深远意义尤其体现在疑难杂病的临床辨治上。

中央音乐学院有一位女教师患微血管扩张。脚烂，四肢一片一片的网状红斑，脚底疼，晚上睡不着觉。到某大医院看了两年，都要她吃复方芦丁及激素，效果不好，腿也溃烂了，伤口很深。在百般无奈下，她找到关幼波。关幼波把脉以后，分析她的病情，像臁疮腿，但所不同的是有红肿热痛，说明虽然有热象，却是一种虚证。用药当以补气为主，同时还要去皮肤的湿气。因为主要根源在于湿热。所以，关幼波处方时以黄芪为君，目的是使之生气，益气，长肌肉。臁疮腿一般不疼，疼说明有炎症。所以，处方时应加一点清热解毒的药，重点在于活血化瘀、清热、养血、止痛。根据这个分析，关幼波开的方子中用了生橘皮、苦参、薄荷、生地、黄芪、白芍、赤芍、丹参、牛膝、香附、生甘草、牡丹皮、藕节等药。此方用了7天后，这个女教师的腿慢慢变好了，后来完全恢复了健康。

中医界有经方派和时方派之分。所谓经方派是以《伤寒论》为依据，处方基本不变；所谓时方派是参照《伤寒论》，主要根据病情用药。关幼波走的是时方之路。因为气血辨证，博采众方是根据实际病情决定药物的增减，因此，治疗疑难杂症多出奇效。有一次，关幼波的女弟子齐京收治的一个病人，是个近40岁的中年汉子。他的病挺怪。一是时间长，差不多有三年多；二是症状怪，全身疼痛，发烧不已；三是反复的口腔溃疡，而且全身麻木。诊断结果，关幼波基本认定为气亏血滞。于是让弟子齐京记方：生黄芪、白芍、白术、苍术、牛膝、蔻仁、木瓜、丝瓜络、首乌藤、柴胡、钩藤、白梅花、生甘草、川断、生薏米、香附子。第一次用量稍小，君药生黄芪30g，杭白芍30g；第二次生黄芪60g，杭白芍40g。几次门诊后，病人病体大为改观，最后康复。关幼波诊病牢牢抓住“气血”二字。他在《关幼波肝病杂病论》一书中明确指出："审证必求因，当在气血寻。"他说："引起人体发生病变的原因，不外内因、外因。外因是致病的条件，内因是变化的根本……古人把精、气、神视为人体活动的根本，精充、气足、神全是健康的保证，是正气内存的体现……精、气、神不但同源，而且相互资生，相互作用，而气血是核心。"由此，关幼波认定气血失调不外乎气虚、气滞、气逆、血虚、血瘀、出血等病理变化。所以，对于这位怪病患者，关幼波直揭本源，从气血着眼用药，药力所至，迅速解除疼痛。这个怪病患者痊愈之后，逢人便说："关大夫真是当代扁鹊，料病如神，祛病得法，可谓攻克病魔的常胜将军啊！"同时又送锦旗一面，现仍挂在北京中医医院。

类风湿性关节炎是个不大不小的病。说它小，不碍吃不碍喝，还能生活下去；说它大，手脚不能动。关幼波在门诊接待了一位 40 来岁的妇女，得的正是这种病。她进诊室的时候，几乎是一步步挪着进来的。关幼波为她诊脉，诊断用药一周后，病人康复。可没过多少日子，她又挂了关幼波的号。自述有妇科病，西医检查为卵巢巧克力囊肿。有囊肿则无法受孕，她和丈夫还眼巴巴地等着生孩子呢。关幼波看了看她的舌苔，诊了脉，开了方。那妇女走出诊室，抓了药，回去吃药。一年以后，关幼波正在诊室出诊，一对夫妇抱着个胖小子进来了。关幼波的徒弟问她看什么病，她咧着嘴乐呵呵地说："我不是看病，我是向关老报喜。"等这对夫妇抱着孩子走了以后，关幼波对身边的徒弟们说，西医说巧克力囊肿，实际上就是咱们说的血瘀。因为颜色是巧克力色，所以叫巧克力囊肿。凡治血瘀，以活血为主。

一位企业家朋友邀请关幼波到海南游玩。没去过海南的他欣然接受了。关幼波兴致勃勃地下飞机后刚住进饭店休息，准备安排第二天游览。正在这时，海南卫生厅厅长来访："关老，您来我们海南，我本应陪您转一转。可是不行啊，关老，您这回还玩不成了。刚才中央来急电，请您赶紧回去……"关幼波心里咯噔一下，预感到有什么严重的事情发生。厅长又说："中央有位领导同志病危，让您去看看。机票都已买好了，您带上随身行李就可以回去了。"关幼波听到这儿，二话没说，急忙整理东西，急奔飞机场。下午两点回到北京，四点钟赶到彭真委员长所住的医院。那里气氛很紧张，彭真静静躺在病床上，周围的人都相对无言。秘书将关幼波请到另一个房间，异常沉重地简单介绍了彭真的病情，说："几个大医院的大夫都看过了，都说没办法了，连悼词都写好了。"关幼波静静地为彭真把脉，又看了看医院里给他检查的各种数据，知道他得的是重症肝炎，属于亚急性肝萎缩。关幼波平静地说："这种病并不难治。只是体内过虚，要扶正压邪，凉血化瘀。”关幼波展纸处方，依然是治肝的主要几味药：草河车、生甘草、人参……彭真吃了关幼波的7剂汤药，在医疗组的配合治疗下，肝炎奇迹般地好了。重修天安门以后，他还坐着轮椅到天安门看了一番。彭真的爱人带着女儿拜访关幼波。关幼波直言不讳地说：“他的半身不遂这么多年，如果早来，也不至如此……”除了为彭真治病之外，关幼波还曾经为朱德、徐向前、余秋里、肖华、方毅、何长工、段君毅、董必武夫人、万里夫人等许多革命老前辈治病，他是深受大家信赖的中医专家。

关幼波根据他气血辨证的理论，在他所著的《关幼波肝病杂病论》一书中，对各种肝病的诊治作了精辟的论述。在病理论述上，总结为：“有的表现以实证为主；有的表现为虚证；有的虚中夹实，即湿热未清，正虚邪恶。”他提出了分类不定型、用药不定方的结论。肝病辨证有十：肝胆湿热证、肝胃不和证、肝郁脾虚证、脾失健运证、脾肾两虚证、肝肾阳虚证、气血两虚证、肝郁血滞证、气虚血滞证、痰瘀互结证。针对辨证治肝有十法：清利湿热法、平肝和胃法、健脾舒肝法、健脾和中法、健脾补肾法、滋补肝肾法、补气养血法、行气活血法、补气活血法、活血化痰法。

《黄帝内经》曰：“气血正平，常有天命。”“气血不和，百病乃变化而生焉。”关幼波认为，气血是人体的生理病理基础。肝脏通过对气血的输送调节作用，与全身的脏腑组织、四肢百骸相连接，从而发挥其正常的生理功能。各种外感、内伤因素，可以直接损伤肝脏，影响肝脏本身的病变，使肝脏功能受损。

气血的调节作用失常，气血运行失常，日久影响其他脏器，变生他端。如气血失司，升降失调，影响肺脏可出现咳、喘、哮症等；影响脾胃可出现腹胀、纳差、呃逆等；影响心脏可出现胸痹、真心痛等；影响肾脏可出现消渴、痨淋、癃闭等。它脏病变，或外感邪毒通过影响气血的调畅，也可影响肝脏功能，导致肝脏病变。如外感发热，可伴有胁痛不适、转氨酶升高。心衰晚期病人可伴有肝积等。因此，生理状态下，肝脏在整个人体生命活动中起着极其重要的作用；病理状态下，肝脏较其他脏腑更易受到损害。

现代社会，人们生活习惯的变化使得对肝脏的不利因素有所增加。如人们进食肥甘醇酒，过度温饱，易助热升温化痰，灼伤阴血，阻滞气机，血液郁滞；学习、工作、生活上的过度烦劳，易耗肾精、阴血；精神上的过度紧张、情志压抑或暴怒等使气机运行失司，血行失畅。肝为罢极之本，气机不畅，阴血不足，肝失所养，出现易疲劳、乏力；气机郁滞，肝气不舒，肝郁化火，常表现胸胁胀闷，郁郁寡欢，烦躁易怒。肝血不足，心神失养，出现失眠多梦；气机郁滞，肝旺克脾，脾胃升降运化失司，出现纳呆、脘胀。以上症状现代人常易出现。如此症状出现早期，所伤不深，正气尚存于内，适时调整尚可恢复。如仍不注意，日久耗伤正气，正气亏虚，气血失常，百病则乘虚而入，就可导致疾病的发生。现代常见的疲劳综合征、抑郁症、脂肪肝、高血压病、高脂血症、慢性肝炎等都是由此产生并发展的结果。因此，关幼波提出："百病之首肝最恶。"

认识到肝脏的重要性，就应"防患于未然"。关幼波认为，一方面，日常生活中我们应注意不要长期过度疲劳，耗伤人体阴血；要有云水风度，不要以物喜，也不要以己悲，只有心情舒畅，随遇而安，气血才能调畅；不要过度饮酒，过食煎炸、肥甘厚味，以防其化热劫阴，助湿生痰阻滞气机。另一方面，关幼波根据肝脏的生理特点，肝为刚脏，体阴用阳，喜条达恶抑郁和肝肾同源、两脏互补，针对现在肝病、常见病发生的普遍原因，结合他几十年的临床经验，提出以养肝血、补肾阴为基本法则的养肝理论，常以女贞子、沙参、麦冬、川断等滋补肝肾之阴，以当归、首乌、熟地养肝血补肾，以五味子、浮小麦益气阴安神，以陈皮理气健脾和胃等。关幼波创制了“滋补肝肾丸”、“养肝口服液”等集保健、治疗为一体的药物。酒后，学习、工作过于紧张，过度疲乏，不能很好休息，郁怒伤身，病后初愈，年老体弱等，均可以此辅助养肝，起到扶正祛邪、增强体质、防止疾病发生等作用。

痰瘀之说　医治怪病

关幼波在治病中十分重视痰瘀之说。他根据明代王应震的痰瘀理论，进一步提出气不行则血不畅，气滞则痰生，气滞则血瘀的学说。他认为，病之既成，必由气及血。气不行则血也不畅，气滞则痰生，气滞则血瘀；血瘀痰阻反过来又可影响气道的通畅，血瘀日久又可化为痰水。痰瘀互结，互为因果，是疾病难以向愈的根本原因所在，所以活血化痰的治疗法则要贯穿于治疗疾病的全过程。

关幼波治痰法则可概括为四点：

（一）见痰休治痰，辨证求根源。痰随气行，流窜周身，而生百病。对胶固有形发于体表者易见，阻于血络形成痞块者易察。而在体内阻于气机，殃及脏腑，或在显形以前，则不易察觉。痰有广义、狭义之分，见痰休治痰即是说要审证求因，百病皆可从痰辨证，从证候特点、从整体观念出发而辨证治“痰”，或治已生之痰，或阻断生痰之源，以求对其根治。

（二）治痰必治气，气顺则痰消。气为血之帅，气血流畅则脾气散精，水道通调，痰无以生；如痰已生，气机流畅，则痰可随之消散。若气郁者“留者攻之”，行气以顺之；若气虚者“虚则补之”、“下者举之”，以补气顺之；若气逆者“逸者行之”，调理以顺之。治气应理解为广义的“治气”。气机通顺，方可阻断生痰之源，已生之痰方可迅速消散。

（三）治痰要治血，血活则痰化。气血相互为用，气血流畅则津液并行，痰无以生，血活则痰易化。治血亦要从广义去理解。

（四）怪病责之痰，施治法多端。自古至今，“怪病责之于痰”，痰生百病而形各色。除了根据常规辨证方法外，对疑难怪病应从“痰”辨治。今之怪病，其实不怪。只不过有些病证尚未被认识、被掌握。从痰论治，不但突出了“辨痰”的思路，也为疑难怪病的治疗提供了有效的途径，结合具体情况从整体辨证施治，使疑难怪病可化险为夷。

关幼波综合张仲景、王清任、周学海等人关于“瘀”的理论，提出了治瘀四法：

（一）见瘀休治瘀，辨证求根据。只有针对引起气血不畅、瘀血阻络的直接或间接因素，彻底加以清除，才能瘀消病除。

（二）治瘀要治气，气畅瘀也祛。血病气必病，气病血必伤，气与血两者，气占主导地位，气虚则血滞，气滞则血瘀，气逆不顺则血上逆而走，故治瘀要治气。

（三）治瘀必化痰，痰化血亦治。痰可阻滞血脉，血瘀日久亦可化为痰水，痰瘀互结，互为结果，故治瘀必化痰。

（四）急则治其标，固本更重要。对瘀阻而致的出血、瘀阻心痹、瘀阻脑髓之急危重症，当急治其标，然而固本更重要。除了针对瘀血阻络之本外，还应重视气血生化之源之本，即脾胃之本。

以下是一个关幼波运用痰瘀学说诊疗治病的故事。

有一位回国观光的美籍华人，40来岁，当她走下飞机时，突然咳嗽起来，且一发而不能止，甚至连旅游车都坐不了了。到某大医院就诊、吃药以后，咳嗽没有减弱，反而发烧了，躺在床上迷迷糊糊。即请关幼波诊治。关幼波开方时说："舌苔薄白，脉沉滑，痰湿内停，肺失肃降。草河车、杏仁、桑白皮、生地、丹皮、麻黄……"病人接过药方和原来吃的方子对照了一下，奇怪地问："关大夫，原方中的五味子、乌梅、紫草、连翘、柴胡……怎么都去掉了？"关幼波见此人这么认真，就耐心解释道：

“你的咳嗽是因北京气候干燥引起的。对于这种痰热内蕴之病，只能以宣泄为主，绝不能收敛。原方所开五味子等药是收敛、镇咳的，并不能解决你的咳嗽。我开的药中，杏仁、麻黄等都是宣肺化痰的。”一周以后，她又来找关幼波，一进门就鞠躬，连连说：“关大夫英明，关大夫英明！”原来，几剂药下去，她的咳嗽完全好了，可以按计划旅游了。

关幼波根据他医疗实践的经验，在《关幼波肝病杂病论》中说：“瘀血凝滞而生痰，肝郁化火炼液可以生痰，湿热蕴结可以生痰，脾湿不运而生痰，肾虚水气上泛而生痰。痰瘀互结，气机不畅，蒙蔽心窍，阻蔽神明，而心神昏乱。”他根据该理论，治好了许多说不清道不明的病。有个病人，是从吉林来的。此人被车撞以后，一直神志不清。关幼波号脉下药之后，这个病人转危为安，能说话了。可是病人清醒后的第一句话却说：“我没脑袋了！”关幼波笑道："你的脑袋不是长着吗？""没了，我的脑袋没了！""你摸摸，有没有？"病人竟真的去摸。之后，还是喊："没了，真的没了！"关幼波摆了摆手道："好了，好了，你吃我的药，用不了一个月就有了。"病人抓了药回去了。果然一个月后来了，见了关幼波就说："关老，我有脑袋了，有脑袋了！"对于此病，关幼波分析认为，病人因悲喜或惊吓，损伤心脾肝肾，导致脏腑功能失调和阴阳失衡，进而气滞、痰结、实火、血瘀使心神失养，脑髓失聪。于是以四物汤（当归、生地、白芍、川芎）养血活血，佐以香附行气活血，杏仁、橘红醒脾化痰，远志祛痰利窍，安神益智。

关幼波认为，人之所以生病，不外乎六邪七情所伤。风、寒、暑、湿、燥、火六邪，是可以预防的。在肝炎传染病房里，穿上白大褂、隔离衣，戴上口罩，戴上帽子，可以说是预防了。其实，对病来说，重要的是个"痰"字。

从肺里排出来的叫痰，是大家公认的。然而，从古至今，许多怪病多从痰起。那么这个痰究竟是什么东西呢？关幼波认为，各脏器的废物统称为痰。诸多疾病中医多按痰论治。比如因有湿热，湿热生痰，痰阻血络，故导致胆固醇高、血脂高、血胆红素增高。对此他就按痰论治。

那时我国驻美大使黄镇的血胆红素总是1.6mg或1.7mg左右不降。关幼波就从治痰着手，用青黛、白矾各等份，装1号胶囊，嘱他每次饭后吃一粒，再加上汤药，吃了十几剂，很快他的血胆红素就正常了。黄疸也退下去了。黄镇说："我的血胆红素2mg就是不降，没办法，回国一吃中药就下来了。"于是，在他又赴任之前，带了一箱子药走。关幼波认为，湿热生痰，比如说脑血栓，中医叫痰积，先说一个"痰"字。羊痫风，中医说"痰迷心窍"，也是从"痰"着手。谈到黄疸，关幼波认为也离不开痰瘀学说。阳黄的主症是皮肤的色泽鲜明，古代说是如橘皮色，跟橘子皮一样；阴黄的色泽是灰暗的，恶心，厌油，身困，纳呆，脉象滑，舌苔厚，或黄或白。治法就是清利湿热、温阳化湿、解毒活血化痰。临床常用的方剂不外乎栀子柏皮汤、茵陈蒿汤、茵陈五苓散。这几个方子里活血的药一味没有，只有茵陈五苓散里有一味桂枝。而桂枝是温通的，不是凉血活血的。再比如关幼波治阴黄用桂枝；杏仁、橘红止咳化痰；茵陈是利尿治黄疸的；草河车解毒；黄芩、黄连清热；泽兰活血；六一散、车前子清热通利小便；草蔻开胃、和胃。一般均为这几味药随症加减，而不是固定一个方子，因为用固定不变的方子是错误的。

关幼波在治疗疑难杂症方面有许多非常灵验的药对。如：凉血活血用赤芍、牡丹皮；滋阴凉血用生地、玄参；活血化瘀用桃仁、红花；柔肝养血用当归、白芍；活血利水用丹参、泽兰；凉血止血用藕节、地榆炭；潜阳化痰用旋覆花、代赭石；开胃化痰用杏仁、橘红；健脾清热化痰用白术、黄芩；温通痰浊用瓜蒌、薤白；理气敛气用醋柴胡、木瓜；疏肝理气用香附、郁金；健脾益气用党参、云苓；理气止痛用川楝子、延胡索；益气升提用柴胡、升麻，等等。

就这样，关幼波在他的痰瘀学说指导下，诊断疗病更加得心应手，对于各种疑难杂症和各种不同的肝病，百治百中，药到病除。“神医”之名，在京城百姓中广为传颂。

锐意创新　大家风范

1972年，关幼波从下放劳动的一二五厂回到北京中医医院肝病科。第三年，北京联合大学中医药学院（现首都医科大学中医药学院）成立，他被聘为教授。

关幼波是个锐意创新的人。作为一名老中医，关幼波坚信中医药学是一个伟大的宝库，同时他也不排斥现代医学。在中西医结合的过程中，关幼波真诚地与西医合作；对于中医现代化他也积极探索。当电子计算机技术刚刚传入国内时，有人向关幼波提出，把他治疗肝炎的经验输入电子计算机。对于新生事物非常敏感的他，马上接受了一些电子计算机专家的建议，决定把最新的科技成果和古老的中医学结合起来，创造出一些新的医学技术。

当时一无先例可鉴，二无电子计算机，提出这样的问题是一个大胆的设想，各方面的态度也不一致。在各级领导的大力支持下，关幼波的态度更加坚决，他对年轻人说："我全力支持，有问题我负责。"就这样"关幼波肝病辨证施治电子计算机程序"的研究开始了。

不知熬过了多少不眠之夜，研究人员在理解和掌握关幼波治疗思想的基础上，根据望、闻、问、切所收集的症状、数据，制定数学模型，编制逻辑图，然后用算法语言编写成计算机程序，使之再现他的辨证施治思想。这套诊疗系统将肝病分为 8 个主型，36 个亚型，并根据病情的变化进行加减。对于肝病的诊断、处方、医嘱等工作，不到 1 分钟的时间就全部完成。到 1978 年底研究初步成功。又经过一年多的实验性门诊，治疗肝炎病人 1000 多人次。在充分肯定的基础上，1980 年 6 月 24 日，再现关幼波治疗肝病思想的“计算机医生”在北京中医医院正式门诊，具有数千年历史的中医诊疗获得了新的生命力。该项科研成果荣获1981年度北京市科技成果一等奖。当人们问及他的想法时，他说：“可以精于古，不可泥于古。中医必须在古人的基础上，有所发展，有所前进，中医现代化势在必行。”

继之而起的是“关幼波治疗胃脘痛的电子计算机软件系统”的开发。这项科技开发项目的研究，以关幼波的弟子陈勇为首，成立了电子计算机程序设计组，根据关幼波的学术思想，突出主要矛盾，抓住主症，摆脱西医的框框，让中医的特点更加鲜明。关幼波还经常想，应该把各地治疗肝病的好经验集中起来输入计算机，这样就不单是他一个人，而是全国的名医同时给患者看病了。由此可见关幼波的远见卓识。

1976年，关幼波当选为北京市政协常委。

两年后，由北京中医医院整理汇编，出版了关幼波的第一部学术著作《关幼波临床经验选》。关幼波的弟子众多，赵伯智深刻理解关幼波的学术思想，1994 年出版的《关幼波肝病杂病论》，以及 1998 年出版的《肝病防治问答》等都是由赵伯智整理的。

1980 年，关幼波任北京中医医院副院长。两年后，任北京市中医药学会理事长。在这两年中，关幼波的原配夫人王淑贞病故。严重的精神打击并未影响关幼波自己的斗志，继续在临床一线努力工作。1984 年关幼波当选为中华医学会第十一届理事会理事。至 71 岁退居二线，又担任北京中医医院顾问。这以后，他致力完善自己的学术思想，不仅明确提出“十纲辨证”，而且进一步完善了痰瘀学说。

虽已年迈，但他还坚持在临床第一线工作。这期间他治好了不少怪病、顽疾。这里先说说他是如何挽救了一家被西医列为不治之症的祖孙三代重症病人的故事。

一位搞外事工作的成先生有个小孙子，1990年的4月下旬，还不到11个月大的时候，突然拉稀。经过多家医院反复观察、诊断治疗，孩子还照样天天拉。家长害怕，就把孩子从医院接出来，请关幼波诊治。关幼波看了孩子的病情说："你们怎么这时候才送来，这孩子受了多少罪呀！"成先生听了心里十分难过。关幼波给开了两剂药。孩子的母亲央求说："您多给开点吧。"关幼波摇摇头："用不着。你就去拿吧，赶紧抓药吃。如果说这两剂还不好，你就照此方，再抓第三剂。"第一剂药吃下后，孩子的拉稀就停止了。第二剂药、第三剂药后，孩子精神好转，能吃，能睡，一切恢复正常。

成先生的大儿子结婚后，一直没孩子，是吃了关幼波的药才有了一个女儿。孩子10岁的时候，突然发高烧不退，住院、打针、输液都无济于事。后来一检查是肺炎，连学都不能上了。他们又找到关幼波。关幼波开了3剂药，吃完以后，孩子不仅高烧退了，肺炎也好了。

成先生一谈起关幼波，就千恩万谢，说关大夫挽救了他家三代人，中医太神奇了！关幼波与成先生一家的医缘，可以追溯到1956年。

那年，成先生的夫人30多岁，得了阿狄森病。这种病西医认为是不治之症。主要症状是：人越来越瘦，体重由原来六十公斤锐减到三四十公斤；皮肤越来越黑，像焦炭似的；浑身一点力气也没有，坐也坐不住，站也站不稳，每天心慌意乱，非常难受。然而又不发高烧，整个人慢慢地枯萎下去。几位医生都说，要家属为她准备后事，维持的时间不会太长了。那时，成先生刚31岁，他们已经有了两个孩子，大的四五岁，小的两三岁。妻子若一走，把孩子扔下，他可就苦了。经朋友介绍，他们带着一线希望，求助于关幼波。关幼波很谦虚，但又很沉着，安慰他们说："你们不要悲观，住院吧，我治治看。”关幼波接诊以后，从实际出发，不管西医的结论如何，他从病人的症状入手，给她开了汤药，服药后，症状逐渐向好的方面转化：心慌意乱程度减弱了，难受的感觉减轻了，黑皮肤渐渐脱落，体重增加了。关幼波对病人说：“你可以出院了，以后你到门诊来，继续吃药，再调整巩固一段时间，就会好了。”大约一年多的时间，她的睡眠明显好转，吃饭也有味道了，心也不怎么慌了，原来像木乃伊一样干瘪黑炭似的皮肤变白了。到1958年，成先生爱人的病全好了，人精神了，体重又恢复至60公斤，而且参加了1961年的援越工作。

成先生二儿子的病也很罕见。1958年，二儿子才三四岁，得了一种怪病，冬天啃棉袄的袖子，直到把袖子的布和棉花都吃光。然后，又啃自己手指甲，连皮带肉啃得鲜血淋淋。成先生一家带孩子到处求医，好多大夫不明白这是什么病。他们只好又求助关幼波。关幼波给开了 20 剂药。一个多月后，基本好了，又巩固了一段时间，痊愈。

成先生的大儿子，从 1 岁就得了气喘病，可能是感冒的后遗症。每年冬季都要犯，喘得不得了，憋气很厉害。1963 年的冬天，孩子又发病了，打针吃药无济于事，成先生和爱人去越南工作，姥姥在家陪着，束手无策。孩子上不了学。姥姥抱着他，孩子不停地大口大口地喘着气，像快要憋死一样。成先生的夫人急忙赶回国，又求助于关幼波。在关幼波的治疗下，1964 年的春天，孩子病就好了，一点也不气喘了。后来一直没犯病，大学毕业工作后，还当上了高级工程师。

成先生一家原来不相信中医，但亲身经历的事实改变了他们的看法，中医不愧为祖国的瑰宝。

中医是独具特色的，关幼波强调辨证施治，重视病人个体差异，病情轻重不同，表现的证型不同，通过辨证进行不同的治疗。

关幼波认为，慢性肝炎为久病多虚，临床上应进一步分析是“因病而虚”还是“因虚而病”，找出主要矛盾，然后采取“扶正祛邪”的方法调理气血，之后再根据证型的不同，进行辨证施治。同时重视脾胃，和血化痰等，这样便可达到抗病毒和调节免疫的效果。

关幼波治疗肝癌，多采用气血辨证。他认为，肝癌发病的病因乃气虚血滞，痰瘀蕴毒，或者是气虚血滞痰瘀，根本在一个“气”字，即气亏。关幼波用药方法：第一味药是黄芪，生黄芪。开始用 60g，然后用 100g，直用到 120g。除黄芪外，益气合用活血、解毒、化痰、利水药物。有个肝癌病人服药不到两个星期，腹水全消。巩固了三个多月，体重增加了，脸色也红润了，原来走路时感觉发飘，活动一会儿就觉得心慌气短，服药后这些症状都消除了。

对于恶性肿瘤的治疗，关幼波强调以扶正

祛邪为主，常用益气健脾、活血化瘀之法，调脏腑，调阴阳，“阴平阳秘，精神乃治”。从扶正入手，重视气血辨证。

肝糖原累积症自 1949 年后 30 多年间，我国仅发现 26 例。本病的发生与中医的“虚损”或“痰块”、“癥积”不同，与古代病名之“息积”、“伏梁”除了腹部有形积块以外，症状也不完全相同。《素问》把“息积”、“伏梁”列为奇病，而本病较其更为奇，可视为怪病之一，西医尚无特效药物。关幼波遇到一位患此病的小孩。这位患儿自出生后即发育迟缓，不满足岁时曾全身抽搐，发作数次。发病多在半夜或清晨，每次持续 10 多分钟，经喂糖水后即能好转。1 岁时发现腹胀，经检查肝肿大（于右锁骨中线肋缘下 4～5 横指），质较硬。即入某院检查，诊断为肝糖原累积症。于 1962 年初，又住某儿童医院，诊断同上。患儿平时喜卧多汗，经常腹泻，日大便六七次，夹有不消化食物，尿清色淡，腿软不能站立。脉象沉滑，舌苔薄白。关幼波诊断其为肝脾两虚，痰血、败毒凝聚成积。治法以健脾补气，养血补肝，活血化瘀，解毒散结。处方用黄芪、党参、当归、白芍、於术、白扁豆、地龙、赤芍、丹参、泽兰、乌梅、郁金、香附、僵蚕、紫草、鸡内金、王不留行、败酱草、炒稻芽等药加减。在整个治疗中既无奇特药品，又无贵重之味，药似平淡，而从痰瘀论治，以补为主，扶正祛邪，以扶正为先，抓住痰、气、瘀的病理实质，气顺则痰易消，血活则痰易化，不但消除化散了瘀结的痰血，且阻断了生痰之源。这位患儿经过不到3个月的治疗，肿块消失，症状消除，恢复了健康。经随访患者10余年未再复发。

关幼波不受原有理论的束缚，能够有所创新，他用医术救治了成先生一家和无数的病人。这充分证明了关幼波的大医风范。

医治未病　保健养生

中医强调“治未病”，关幼波在这方面也为人们作出了表率。他经常向人们宣传养生、保健知识。1989 年，关幼波在北京市政协举办的老龄养生讲座上，全面系统地谈了自己的养生之道。

他认为养生首先要“养神”。

一要“精神内守”。他说，这是我们中国医书上记载的。人活着的时候就仗精、气、神。要是没有精神人也就完了。因此这个精神不要随便消耗它，要精神内守，保持自己的精神。精化气，气化神，所以中医学认为精、气、神在人的生命活动中十分重要。在治疗肝病中，他不厌其烦地向病人家属、向周围的人讲解预防传染病的知识，有时还开一些防病的药给病人家属。关幼波 76 岁时也有点病，但是他保养得好，还挺精神。他认为，对于精神，要正确理解。把精神调节好了人就心平气和，就不会瞧什么都不顺眼，怨天怨地。

关幼波说，老年人心胸一定要开阔，要注意心血管病、癌症、肿瘤，这几种病都不是传染病，但都跟我们自身保养有关系。每个人体内都有癌细胞，能不能让它发展，这是至关重要的。要培养正气，按现代医学说的增加你的免疫力。不要随便消耗你的精神，让精神总处在有余的状态，这样就不至于过快衰老。

二要保持“心情舒畅”。他说，这句话非常重要。在单位甚至走在马路上，都会有不愉快的事情遇见，你不碰它，它不碰你。能不能逆来顺受，始终让自己的心情保持舒畅十分重要。要有乐观主义精神。

关幼波认为，养生还应该注意“食养”。

吃东西，不光要考虑它的营养价值，还要顾及自己的需要。什么东西吃得舒服，你就多吃一点，没问题的。关幼波早点爱吃玉米面粥，玉米面粥不如牛奶营养价值高。可是，他喝完牛奶胃就胀，喝完玉米面粥却非常舒服。而喝牛奶则因为胃胀，营养吸收不了，最后白糟踏了。玉米面粥虽营养少，但吃完后很舒服，所有的营养全都能吸收进去，这不也很好吗？吃东西不要教条，要根据个人的体质。有好吃酸的，有好吃咸的，有好吃辣的，有好吃甜的，都不一样，要根据自己的身体需要，调节饮食。

但是饮食也要有节，不偏食，不多食。天气凉了，回家进门以后不要马上吃东西，因为有寒气，先喝一点热水，休息一会儿再吃，这样就舒服多了。吃完饭后不要马上往出跑，要休息休息再出去活动。

他还提醒大家要注意在着急、生气、精神

紧张的情况下不要马上吃东西，这会引起肝胃不和。按现代医学来说，我们脑子里有十二对神经，有一对神经叫迷走神经，它支配着胃的消化蠕动。人一生气，一着急，或者精神过度紧张，迷走神经就要失调，胃的蠕动就不正常了，吃下去的东西也就消化不了。所以老年人千万不要多食，一天多吃一次可以，人家吃三顿饭，你可以吃四顿。每次不可多食，饮食要有节。多好的东西，也不要吃得太多，不要偏食。饮食调养好，生活要有规律，不要暴饮暴食，若应当吃早饭时你不吃，到了午饭时就饿过劲儿了，一吃就会吃得过饱，这样容易得溃疡病。为什么？你饿过了劲儿的时候，胃里分泌胃酸是帮助消化的，该吃东西的时候不吃，胃里还分泌胃酸，它就腐蚀了胃黏膜，容易形成溃疡，或者是浅表性胃炎，或者是胃溃疡、十二指肠溃疡、慢性胃炎等。

他介绍说：大家别小看肠胃病，这种病还

是挺不好治的。因为这个病一方面是自己护理，一方面是吃药。中药的效果还是不错的。治肝病也是先调理脾胃。古代有这么一个说法：治肝先治脾。

要治肝脏病先要调理脾胃，肝有病影响脾胃。得了肝炎就食欲不振，恶心，厌油腻，大便稀，这些症状就出来了。但是你先调理脾胃，能吃能喝，营养能输送到肝脏里去，然后你再加点解毒的药，这个病就好了。

饮食方面要有节制。另外春夏尽量不买外面的熟食，自己做着吃，因为买熟食导致传染疾病的机会多。冬季买了这样的熟食，也要加加热，或者蒸一蒸再吃。因为这些东西在商店里卖不出去，搁冰箱里，第二天再拿出来，再卖不出去，又搁冰箱里了；细菌在冰箱里也一样繁殖，只是繁殖得慢而已。往往我们吃得不合适，就得肠胃炎，上吐下泻，这对人体损伤很大。

关幼波提倡体育锻炼，重视体养。他研究出一套晨练操。每天晨起，盘着腿，坐在床上，做以下运动：

第一道，把手搓热，顺着眼睛向耳朵捋，捋 30 下。因为坚持做这个运动，关幼波到 90 多岁仍然耳朵不聋。他说："比方说你困了，你就做这个运动，立刻睁开眼就不困了。"

第二道，手搓热以后，顺着鼻腔两边往下捋，往上捋，做 30 次。咬着牙，对牙齿也有好处，脸上的褶子少了，老年斑长得也慢，鼻塞马上就通了，还可预防感冒。慢性鼻炎做这个更好，它里头充血，做一两个月鼻子就痛快了。

第三道，用手指拢头发，往后拢，拢三四十下。他说："这样头发白得慢一点，甚至于秃头还能长出新发来，也不用抹生发水。女同志要想头发不白就坚持做这个，到七老八十，头发还是黑的。"

另外是四肢运动。盘着腿，两手摸着膝盖，让身体顺时针前后左右晃动。因为人老先从腰和腿上老。所以盘腿的时候，要尽最大努力，能盘到什么程度就到什么程度。当然，最好能把脚盘到大腿根上。然后用手揉膝盖。揉膝盖的时候，腰就随着活动了。每天揉100下，揉完了以后，扶着膝盖，左右晃二三十下。然后从前往后晃，仰起脑袋晃，这样就把腰椎、颈椎的骨质增生全都解决了，同时锻炼了腹肌，肚子也就不大了。

最后，把手攥着，往后伸，做100次，这个对呼吸系统和心脏、对防止动脉硬化都有一定的好处。当你打了嗝，心里就痛快了。

做完以后，盘着腿把手合起来，平心静气，脑子什么也不想，意守丹田，用腹部呼吸，舌头顶着上颚，如果有津液，咽下去，别啐了。然后再坐20分钟，就完成了。

关幼波告诉大家：这样一天天地锻炼，久

而久之，就能少得病，身体就能渐渐强壮起来。

关幼波还特别告诉大家，要有预防疾病的意识。比如说，吃饭要分餐。这样疾病传染的机会就减少了。另外，要有讲卫生的习惯。预防为主，强调内因，就是养生之道。

创办医馆　弘扬国粹

关幼波是我国中医药界的一杆大旗。这杆大旗不仅飘扬在国内，而且飘扬到了世界。他悬壶济世一生，治好了不计其数的危重病人。他从死神手里夺回了许许多多的生命。可以说，他的医术、医德为他树立了丰碑。他主攻病之最顽者——肝病。他创立了“十纲辨证”学说和痰瘀学说。为了传承他宝贵的中医药临床经验，1994 年 9 月 1 日，他在耄耋之年，在北京西单一条僻静的胡同里创办了“关氏国医馆”。这揭开了关幼波从医生涯新的一页，他的亲传弟子，也是他的大儿子关继波当馆长，他自己任名誉馆长。

关于成立国医馆的目的，关幼波曾说：“我

今年82岁了。我是北京清河生人，土生土长。我对北京的父老有深厚的感情，我活着就要为大家服务。要把好的经验保留下来，传给后代。”“还有，我想把过去‘四大名医’中像孔伯华、施今墨的后代，还有赵炳南的后代，邀请到这儿来，不光是看病，主要是想把他们父辈的经验总结下来，留给后人。将来汇集成书，以此发扬祖国医学传统，发扬北京中医的特点。”“老大夫手中都有验方，他们都有临床学术观点，各有独到之处。这些东西遗失了实在可惜。我们把这些东西保留下来，对祖国医学就是一种继承和发扬。”

关幼波的“关氏国医馆”开办以后，他不仅强调医疗质量，更注意药物质量。首先，他亲自出诊，每周两次，一次就得看几十位病号，他的挂号费和儿子一样。其次，他很重视药房。因为病人看病除诊断准确外，更重要的是吃药。如果药的质量跟不上，就要大大影响疗效。

“关氏国医馆”在其子关继波的管理下，办得有声有色，在京城颇有名气。

从1984年以后，关幼波更忙了，他应全国各地的邀请讲学出诊，他的声音传播到世界很多国家。

他五渡日本，赴韩国，到新加坡，去泰国、印度尼西亚、菲律宾，在1983年、1986年、1989年、1992年，多次出席以亚洲国家、地区为主的国际性中医药学术交流大会（亚细安会议），并作学术报告。2000年亚细安第六届会议还邀请关幼波参加，因年事已高，只好派女弟子齐京代他出席。在这次会议上，齐京代表关幼波做了“十纲辨证”的重要发言。

关幼波一生中接纳了数以百计的弟子，有国内的，也有来自美国、英国等国家的，不管谁拜他为师，向他求教，他都毫无保留地把自己的学术、医术奉献出来。他还打破传统观念，除儿子以外，他的女儿关秀兰也继承了他的中医学术观点。关秀兰现改医号关弘波。他的小儿子关西平、小女儿关宪生也在医药行业的第一线工作着。

一代明医关幼波，于2005年5月13日晚9时16分因患肺部感染引发脏器衰竭，抢救无效，走完了他一生中的最后一步，享年92岁。

关幼波的一生是治病救人的一生，是弘扬中医药文化的一生。他悬壶京畿60余载，一直活跃在临床第一线。他以高尚的医德、精湛的医术，被世人传颂着、爱戴着。

2005年5月19日，在八宝山殡仪馆遗体告别的灵堂前，聚集着数以千计前来凭吊的各界人士，其中，多数曾经是他的病人。当大家唏嘘着瞻仰这位中医大师的遗体时，在心中都不约而同地发出这样的呼唤：我们多需要您哪，关幼波，中医药界不朽的名医大师！

（撰稿人　石　侠）

《中华中医昆仑》丛书 150 位医家名录

（按生年排序）

张锡纯	丁甘仁	萧龙友	王朴诚	恽铁樵
曹炳章	冉雪峰	谢　观	施今墨	汪逢春
孔伯华	黄竹斋	吴佩衡	蒲辅周	陈邦贤
李翰卿	李斯炽	姚国美	陆渊雷	张泽生
时逸人	张梦侬	叶橘泉	王聘贤	陈慎吾
邹云翔	赵炳南	承淡安	余无言	刘惠民
岳美中	沈仲圭	秦伯未	赵锡武	韦文贵
程门雪	黄文东	赵心波	董廷瑶	吴考槃
章次公	石筱山	陆南山	张赞臣	李聪甫
刘绍武	陈存仁	朱仁康	陆瘦燕	姜春华
韩百灵	高仲山	李克绍	王鹏飞	刘春圃
金寿山	哈荔田	何世英	周凤梧	干祖望
关幼波	王为兰	任应秋	罗元恺	祝谌予
杨医亚	郭士魁	何时希	耿鉴庭	俞慎初

裘沛然	顾伯华	江育仁	邓铁涛	门纯德
刘渡舟	尚天裕	朱良春	李玉奇	程士德
尚志钧	赵绍琴	董建华	米伯让	李辅仁
张珍玉	班秀文	颜正华	于己百	颜德馨
路志正	方药中	王乐匋	黄星垣	谢海洲
余桂清	何　任	王子瑜	程莘农	陈彤云
焦树德	张作舟	张　琪	李寿山	张镜人
王绵之	方和谦	印会河	王玉川	蔡小荪
李振华	马继兴	王嘉麟	宋祚民	刘弼臣
王雪苔	刘志明	吴咸中	李今庸	任继学
裴学义	王宝恩	周霭祥	贺普仁	唐由之
赵冠英	许润三	金世元	陆广莘	刘柏龄
徐景藩	吉良晨	吴定寰	沈自尹	王孝涛
张灿玾	周仲瑛	强巴赤列	张代钊	李经纬
郭维淮	柴松岩	苏荣扎布	陈可冀	李济仁
夏桂成	郭子光	巴黑·玉素甫	张学文	陈介甫